전도의 열정

네비게이토 선교회는
국제적이며 복음적인 기독교 기관이다.
예수 그리스도께서는 자기를 따르는 자들에게
"너희는 가서 모든 족속으로 제자를 삼으라"
(마태복음 28:19)는 지상사명을 주셨다.
네비게이토 선교회는 세계 모든 국가에서
예수 그리스도의 일꾼들을 배가시켜
이 지상사명의 성취를 돕는 것을
근본 목표로 하고 있다.

네비게이토 출판사는
네비게이토 선교회의 문서 선교를 담당하고 있다.
본 출판사에서는 그리스도인의 영적 성장을 돕는
서적과 자료들을 출판하여,
그리스도인의 삶의 기초가 견고한
헌신된 제자로 성장하게 하고,
나아가 성숙한 인격과 지도력을 갖춘
일꾼이 되도록 돕고 있다.

전도의 열정

THE HEARTBEAT OF EVANGELISM

로버트 콜만

Robert E. Coleman

TO KNOW CHRIST AND TO MAKE HIM KNOWN

차 례

저자 소개 ·· 7

전도의 열정 ·· 9
좋은 소식을 알리는 것 ······················· 12
하나님의 계시 ····································· 16
인간의 진정한 필요를 채움 ················ 21
그리스도의 성육신(成肉身) ················ 24
은혜를 맛봄 ·· 28
삶의 변화 ·· 33
교회의 사명 ·· 35
모든 족속으로 제자를 삼음 ················ 40
성령의 역사하심 ································· 44
영광스러운 결말 ································· 48
요약 및 토의를 위한 질문 ··················· 53

저자 소개

　로버트 콜만 박사는 트리니티 복음주의 신학교의 전도학 원로교수로서 주님을 섬기고 있습니다. 그는 사우스웨스턴 대학교를 졸업하고, 애즈버리 신학교와 프린스턴 신학교에서 수학했으며, 아이오와 주립 대학교에서 박사학위를 받았습니다.

　콜만 박사의 사역은 전도 및 제자도의 생활화가 그 중심이 되고 있으며, 이것은 신학 교육으로까지 연장되고 있습니다. 6년 동안 목회자로서 봉사한 후 그는 애즈버리 신학교의 교수로 초빙을 받아 그곳에서 가르쳤으며, 1983년 트리니티 신학교로 옮겨 지금까지 봉직하고 있습니다.

　널리 알려진 저술가요 설교자인 콜만 박사는 평생 복음의 진보를 위해 자신을 드리고 있으며, 지금까지 20여 권의 책을 저술했습니다. 그의 저서들은 전 세계에서 96개 이상의 언어로 번역되어 널리 읽히고 있으며, 영어판만으로도 500만 부 이상이 팔렸습니다.

전도의 열정

　어느 화가가 전도의 의미를 화판 위에 옮겨 보려고 폭풍우 몰아치는 바다를 그렸습니다. 먹구름으로 뒤덮인 하늘, 번쩍이는 번개 빛, 그 사이로 작은 배 한 척이 사나운 파도에 휩쓸려 깨어져 가고 있는 것이 보입니다. 그 배 위로는 집채 같은 파도가 삼킬 듯이 덮치고 있으며, 소용돌이치는 물결에 휘말려 사투를 벌이고 있는 사람들의 고통스러운 얼굴에는 구원을 요청하는 외침이 서려 있습니다. 전경에 한 가닥의 희망이 나타나 있는데, 그것은 바닷물 위로 불쑥 솟아 나와 있는 커다란 바위였습니다. 한 선원이 그 바위를 두 손으로 안고 필사적으로 매달려 있습니다.

　감동적인 장면이었습니다. 누구나 그 그림을 보면 큰 폭풍우는 희망이라고는 없는 인간의 상태를 그리고 있음을 알 수 있었습니다. 또한 복음에 대해서도 잘 보여 주고 있었습니다 사실 구원의 유일한 희망은 폭풍우 가운데서도 피난처 되시는 '만세 반석'이신 예수님밖에는 없습니다.

그러나 완성된 그림을 찬찬히 훑어본 화가는 그 그림이 원하는 주제를 정확하게 나타내지 않고 있다는 사실을 깨달았습니다. 그래서 그는 그 그림을 치워 버리고 다시 그리기 시작했습니다. 이번 것도 지난번 것과 비슷했습니다. 먹구름, 번쩍이는 번개, 성난 물결, 사나운 파도에 부서져 가는 작은 배, 그리고 그 파도 속에서 무력하게 사투를 벌이고 있는 선원들. 전경에는 한 선원이 구원의 바위를 꽉 붙잡고 있습니다. 그러나 이번 그림에는 한 가지 변화를 주었습니다. 바위를 붙잡은 사람이 한 손으로만 그것을 잡고 다른 한 손은 한껏 내밀어 물에 빠져들어 가는 동료를 붙잡아 주려고 합니다.

멸망해 가는 사람을 구원하기 위해서 한 손을 뻗치고 있는 바로 그것이 신약성경에서 보여 주고 있는 전도의 모습입니다. 그 손을 뻗치기 전까지는 복음도 없고 이 세상에 아무 희망도 없습니다.

이 진리를 알고 있는 사람들은 감히 두 손으로 바위에 매달려 있을 수 없습니다. 구속하신 하나님의 은총에 대한 소식을 아직까지 듣지 못한 사람들이 너무나 많기 때문입니다. 우리가 받은 구원의 속성 자체가 우리로 하여금 생명의 말씀을 가지고 다른 사람들에게로 나아가도록 만드는 것입니다.

이 긴급한 필요와 책임으로부터 복음 전파에 직결된 신

학이 출발합니다. 이는 몇몇 성경 구절에만 바탕을 둔 것도 아니요, 어떤 특정한 교회의 전통에 기초하고 있는 것도 아닙니다. 그것은 오히려 성경적인 믿음에 바탕을 두고 있으며, 므든 기독교 교리가 여기에 초점을 맞추고 있습니다. 이런 점에서 볼 때 전도는 신학의 핵심인 것입니다. 그 뜻은 여러 가지로 정의할 수 있겠지만 어떻게 정의하든 전반적인 이해를 위해서는 다음과 같은 것들에 대한 이해가 있어야 합니다.

좋은 소식을 알리는 것

 전도는 구원이 임했다는 사실을 알리는 것입니다. '전도하다'라는 동사는 좋은 소식을 퍼뜨린다는 뜻입니다. 다른 말로 하면 복된 소식 즉 복음을 전한다는 말입니다. 신약성경에는 전도에 관계된 여러 가지 다른 형태의 용어가 130가지도 넘게 나오는데, 그중에서도 천사가 그리스도의 탄생을 선포하는 것은 하나의 전형적인 예입니다. "보라. 내가 온 백성에게 미칠 큰 기쁨의 좋은 소식을 너희에게 전하노라. 오늘날 다윗의 동네에 너희를 위하여 구주가 나셨으니 곧 그리스도 주시니라"(누가복음 2:10-11).

 같은 말이 이사야의 글에서는 다음과 같이 나타나고 있습니다. "좋은 소식을 가져오며, 평화를 공포하며, 복된 좋은 소식을 가져오며, 구원을 공포하며, 시온을 향하여 이르기를, '네 하나님이 통치하신다' 하는 자의 산을 넘는 발이 어찌 그리 아름다운고"(이사야 52:7).

 또한 오실 메시야의 사역을 가리켜서 이사야는 다음과

같이 기록하고 있습니다. "주 여호와의 신이 내게 임하셨으니, 이는 여호와께서 내게 기름을 부으사 가난한 자에게 아름다운 소식을 전하게 하려 하심이라. 나를 보내사 마음이 상한 자를 고치며, 포로 된 자에게 자유를, 갇힌 자에게 놓임을 전파하며, 여호와의 은혜의 해와 우리 하나님의 신원의 날을 전파하여, 모든 슬픈 자를 위로하되"(이사야 61:1-2).

예수님께서는 자신의 임무가 이 약속을 성취하는 것이라고 해석하셨습니다(누가복음 4:18-19 참조). 예수님께서는 자신을 하나님 나라의 도래를 선포하는 전도자로 보셨습니다. 더욱이 이 소식은 세상의 마음 상한 자와 소외된 자들을 불쌍히 여기는 마음 가운데서 선포되어야 했습니다.

이 점에 있어서 오늘날 교인들 사이에서는 때때로 혼동이 일어납니다. 전도는 단지 복음의 선포만을 가리킨다고 말하는 사람들이 있는가 하면, 그것을 본질적으로 가난한 자를 구제하며 사회 정의를 실현하는 것과 동일한 것으로 보는 사람들도 있습니다.

분명 양쪽 다 필요합니다. 어느 한 쪽만 강조하게 되면 복음은 왜곡된 인상을 남깁니다. 만약 예수님께서 사람들의 슬픔을 간과하시고 그들 가운데서 자비로운 일을 행하지 않으셨다면 우리는 그분의 관심에 대해서 의문을 품을 수도 있습니다. 반대로 주님께서 입을 열어 복음을 전하지 않으셨다면 우리는 그분이 왜 오셨는지, 우리가 어떻게 구원을 받을 수 있는지 모르고 말았을 것입니다. 모든 이름 위에 뛰어나신 그 이름은 마땅히 전파되어야 합니다. 복음은 전파되지 않으면 안 됩니다. 그것은 생사를 결정짓는 것이기 때문에 더욱 전파되어야 합니다. 죽어 가는 사람의 상처는 싸매 주면서도 그 영혼을 구원할 수 있는 복음을 전해 주지 않는다면 그를 여전히 굴레 안에 갇혀 있게 내버려두는 것과 같습니다.

제2차 세계대전이 끝나 갈 무렵 텍사스의 미네랄웰스 근처에 있는 병영에서 ROTC 하기(夏期) 훈련을 받고 있던 어느 흐린 날, 신문팔이가 우리 중대 지역을 지나가면서 외쳤습니다. "특보요, 특보! 금일 아침 아군 승전보요! 다들 읽어 보시오!" 신문은 불티나게 팔렸습니다. 얼마 되지 않아 온 병영은 신이 나서 떠들썩해졌습니다. 아무도 승전보를 무관심하게 받아들일 수 없었고, 그 소식에 입을 다물고 있을 수 없었습니다.

그것과 비교해 볼 때 그리스도의 복음, 사망과 지옥의 권세를 이기셨다는 승전보, 곧 우주 만물의 창조주시요 주님이신 하나님 자신이 끊임없이 인간의 역사에 개입하시며 예수 그리스도의 힘찬 승리를 통하여 "저를 믿는 자마다 멸망치 않고 영생을 얻게 하려 하심이니라"(요한복음 3:16)는 '놀라운 선언'으로 구원의 길을 내신 것은 얼마나 더 신나는 소식입니까! 이 사실을 알게 해주는 것이 바로 우리의 전도 임무인 것입니다.

하나님의 계시

 이 선언이 그처럼 힘이 있는 것은 그 근원이 하나님께 있기 때문입니다. 복음은 용기 있는 사람들이 좀 더 수준 높은 삶을 찾으려고 암중모색하여 만들어 낸 이야기가 아닙니다. 그것은 오히려 하늘나라로부터 온 메시지요, 자기 백성들을 찾으시는 하나님의 계시요, 잃어버린 자들을 구원하시려는 끊임없는 노력인 것입니다. 그 말 속에는 모든 피조물에게까지 복음이 전해져야 한다는 긴박감과 긴급성이 담겨 있습니다.

 신학에서는 어디로부터 시작하느냐에 따라 대체로 어디에서 끝날 것인가가 결정됩니다. 만약 인간의 생각으로부터 시작했다면 그것이 아무리 훌륭하다고 해도 결국에는 좌절과 실패로 끝날 수밖에 없습니다. 우리의 어두운 지성은 신령한 진리의 그 변치 않는 속성에는 결코 이를 수가 없기 때문입니다. 하나님께서 말씀해 주시기 전까지는 인간은 결국 자기기만(自己欺瞞)의 바다 위를 표류하는 존재밖에 될 수 없습니다.

이 '하늘나라의 가르침'들을 모아 놓은 것이 바로 영감을 받아 기록한 성경 말씀인 것입니다. 유한하고 부정(不淨)한 인간의 경험으로 더럽혀지지 않은 하나님의 말씀인 성경은 '그 모든 가르치는 바'에 전혀 착오가 없으며 신앙과 행위에 있어 유일하고 정확 무오(無誤)한 규범'인 것입니다. 여기에 모든 신학에 대한 객관적 권위가 있습니다. 칼빈이 밝힌 것처럼 "사람이 이 책의 제자가 되지 않고서는 단 한 줄기의 빛도, 건전한 교리의 아주 작은 단편도 얻을 수 없습니다." 성경이 인간의 온갖 이상한 질문에 다 대답해 줄 것이라고 생각할 수는 없지만, 그것은 정직한 마음으로 나아오는 사람들에게는 구원에 이르는 하나님의 길을 분명히 보여 줍니다. 따라서 성경의 진리를 벗어나거나 타협하는 신학 체계는 전도에 대한 깊은 관심을 불러일으키지 않으리라는 것은 당연합니다.

J. B. 필립스는 '당신의 하나님은 너무 작다'라는 책에서 심각한 문제점을 한 가지 지적했습니다. 그 제목이 암시해 주듯이 우리 대부분의 사람들이 우리 자신의 인간적인 한계점으로 인해 하나님을 제한시키고, 그로 말미암아 복음의 가치를 떨어뜨리는 경향이 있다는 것입니다.

전도는 다만 말씀하신 하나님을 그대로 반사하여 비추는 것입니다. 그분은 스스로 전혀 제한을 받지 않으시는 분이십니다. 그분은 자신이 창조하신 세상의 모든 것들을 초월하시지만 만물 가운데 편재하시며, 그렇다고 해서 어떤 것에 의하여 제한받지도 아니하십니다. 시간을 초월하셔서 과거나 미래가 그분께는 항상 현재와 같습니다. 주 하나님께서는 결코 변치 않으시며, 만물을 완전히 아시며, 자신이 기뻐하시는 것은 무엇이나 하실 능력을 갖고 계시며, 영원히 통치하시는 전능하신 분이십니다.

더욱이 하나님께서는 자기의 절대적인 완전하심에 어긋나는 행동은 하실 수 없습니다. 그분은 결코 거짓되거나, 불의하고, 부정하지 않으시며, 또는 무자비한 일을 하시지 않습니다. 그러므로 하나님께서 행하시는 것은 무엇이나 다 완전합니다. 그 이유는 그분의 인격을 이루고 있는 모든 속성이 서로서로 조화를 이루고 있어서 그 자신의 본성을 거스르실 수 없기 때문입니다.

그 무엇보다도, 하나님께서는 인격적 존재이시며, 그분의 모든 피조물과 인격적으로 관여하고 개입하십니다. 하나님의 관여와 개입은 개인적이고 직접적입니다. 인격적인 존재로서 그분은 자기의 모든 행동을 스스로 알고 계시며, 모든 행동에서 이치에 어긋남이 하나도 없으시며, 자기 뜻대로 모든 것을 행하시는 분이십니다. 이 사실을 받아들이는 자들의 마음속에는 큰 신뢰감과 희망이 샘솟습니다. 왜냐하면 만물이 있기 전부터 계시는 분, 모든 별들을 각기 제자리에 두셨고, 그분의 뜻이야말로 모든 법의 근원이요, 살아 있는 모든 생명의 근원이신 그분이 곧 우리의 아버지가 되시기 때문입니다. 그분은 자기의 자녀들을 아시고, 돌보시며, 돕기를 기뻐하십니다. 그분은 우리에게 손길을 펴십니다. 그 손은 추상적 이론이라는 차가운 교리의 손이 아니요, 진정한 인격을 지니신 분의 손이요, 우리와 같이 육체를 입으시고 한 사람 예수님으로 우리 가운데서 행하셨던 분의 손이시며, 지금도 성령으로 우리 안에 거하시며 계속해서 우리를 섬겨 주시는 분의 손길이십니다.

하나님에 대한 우리의 묘사가 비록 충분할 수는 없다 하더라도, 전도는 만물에 대한 그분의 절대주권을 증거하는 것입니다. 하나님께서 존재하신다면, 존재하는 모든 만물은 다 그분의 주재권을 인정해야 합니다. 그분은 이렇게 선언하십니다. "땅 끝의 모든 백성아, 나를 앙망하라. 그리하면 구원을 얻으리라. 나는 하나님이라. 다른 이가 없음이니라"(이사야 45:22).

하나님 안에서 우리 자신을 보지 못한다면 복음은 아무 의미가 없어집니다. 자유주의 신학의 오류 및 '너 자신을 알라'는 소크라테스의 전제에서 출발한, 인간적인 자기만족을 얻으려는 모든 시도의 오류는 바로 여기에 있는 것입니다. 물론 우리는 우리 자신을 알아야 합니다. 그러나 먼저 우리의 창조주요 주님이신 하나님을 알지 못하고는 우리 자신이나 이웃을 제대로 알 수 없습니다. 우리의 하나님, 우리의 구주 안에서 우리의 모습을 볼 때라야 비로소 우리가 누군지, 우리의 운명이 어떤 것인지를 진정으로 알 수 있게 되는 것입니다.

인간의 진정한 필요를 채움

 복음으로 말미암아 우리가 하나님의 법과 거룩하심에 비추어서 우리 자신을 볼 수 있게 될 때, 우리는 자신이 하나님의 영광에서 얼마나 멀리 떨어져 있는가를 깨닫습니다. 우리를 천사보다 조금 못하게 하시고, 창조주를 알고 사랑할 수 있는 영원한 존재로 만드셨지만, 우리는 원래의 이 같은 고귀한 위치를 거부하고 제멋대로 자기의 길을 걸었습니다. 그렇게 함으로써 우리는 사탄과 그 부하들이 걸었던 것과 같은 길을 택하였던 것입니다.

 이와 같은 하나님으로부터의 독립 선언, 즉 하나님을 떠나 제멋대로 하고자 하는 고집이 바로 죄의 핵심입니다. 피조물이 하나님의 완전하신 뜻을 경멸하고 뻔뻔스럽게도 마치 자기 마음대로 행할 수 있는 것처럼 행동하는 것입니다. 우리는 마치 자신이 자기 운명의 주인이요 자기 영혼의 선장인 것처럼 생각하고 있습니다. 이것은 인간을 하나의 신으로 섬기는 형태의 우상 숭배와 다를 바 없습니다. 메시야를 거부하는 불경스러운 인간의 모습은 이 말씀 속에 분명하게 나타나 있습니다. "자기 땅에 오매 자기 백성이 영접지 아니하였으나"(요한복음 1:11).

신성을 모독하는 이 죄는 전염병과도 같이 모든 인간성에 증오심을 심어 놓고, 총명을 어둡게 하고, 의지를 그르쳐 놓았습니다. 그 결과 인간의 본성은 하나님을 대적하게 되었습니다. 우리의 앞길에는 파멸과 고생이 기다리고 있을 뿐입니다. 도덕의 타락이 모든 인류 전체에 퍼져서 모든 사회에 부패와 쟁투를 몰고 왔습니다.

죄는 공의로우신 하나님 앞에 용납될 수 없습니다. 그것은 하나님의 거룩하심에 위배되기 때문입니다. 그리하여 불경한 인간은 필연적으로 하나님께로부터 분리되지 않을 수 없게 되었습니다. 더 나아가 죄가 남아 있는 한 불의에 대한 하나님의 진노를 피할 수 없습니다. 죄로 인한 영적 결과는 지옥에서 영원히 계속되는 것입니다.

이 가르침이 하나님의 사랑을 깎아내린다는 이유로 이것을 반대하는 사람들은 그분의 완전하신 속성을 이해할 수 없습니다. 만약 하나님의 사랑하시는 독생자를 파멸시키려 하는 자에게 하나님의 심판이 내리지 않는다면 그분의 절대적인 사랑에는 의문이 제기됩니다. "천국만이 아니라 지옥도 필요한 이유는 하나님의 사랑이 제한되어 있기 때문이 아니라 무한하기 때문입니다."

그러므로 문제가 무엇인가를 알 때 전도는 죄의 심장부

를 강타합니다. 개인적으로든 전체적으로든, 모든 인간의 불행에 대한 원인과 맞붙어 싸우지 않는 신학은 세상의 필요와는 무관합니다. 인간이 하나님을 거역한 사실과 그 결과를 폭로하는 것은 나쁜 소식이 될지 모르지만, 이 모든 것을 통하여 복음은 더 한층 밝게 빛나는 것입니다. 하나님께서 심판하시는 것은 구원하시기 위함이기 때문입니다.

그리스도의 성육신(成肉身)

　삼위일체 하나님의 구속 사업은 성자 하나님께로 초점이 모입니다. 그분 안에서 전도는 구체화된 실체로 나타납니다. 예수님께서는 인간과는 분리된 하나님도 아니요, 하나님과 분리된 인간도 아닙니다. 참하나님이시요 참사람이신 그분은 한 인격 가운데 신성과 인성을 동시에 지니신 분이십니다. 이와 같은 완전한 연합 가운데서 그리스도께서는 복음으로 화해하시는 중심이 되십니다. 구원에 있어서 그분이 오시기 전에 일어난 모든 일들은 그분의 오심을 예비하신 것이요, 그분이 오신 이후로 일어난 모든 일은 그분의 이름으로 성취해 온 것입니다. "다른 이로서는 구원을 얻을 수 없나니, 천하 인간에 구원을 얻을 만한 다른 이름을 우리에게 주신 일이 없음이니라"(사도행전 4:12).

　그리스도의 신성과 인성을 다 같이 증거하지 않는 신학에는 복음의 실체가 없습니다. 만약 그리스도께서 주장하신 것과는 달리 그리스도께서 아버지와 같은 분(요한복음 14:9)이 아니시요, 하늘과 땅의 모든 권세를 가지신 분(마태복음 28:18)이 아니시라면, 기독교는 한낱 윤리 도덕에 지나지 않습니다. 어떤 사람들은 그리스도께서 주장하신 것들은 그분의 제자들이 꾸며 낸 이야기라는 터무니없는 말을 하고 있는데, 이것은 그리스도와 그 제자들을 불명예스럽게 하려는 것이요, 신약성경을 우스꽝스러운 것으로 만들려는 시도입니다.

그리스도 안에서 말씀은 역사적인 실체로 나타났습니다. 이것은 오늘날 일간 신문에 보도될 수 있는 것과 같은 사실이었습니다. 예수님의 삶과 죽음, 그리고 죽은 자 가운데서 부활하신 사건은 공적으로 기록된 사건들이었습니다. "이것은 다른 모든 것들의 견고한 기초가 됩니다." 복음은, 현대적 사고에서 나온 사변적 관념론과는 대조적으로, 철학적 추상 개념도 아니요, 소망적 사고에서 비롯된 허구도 아닙니다. 바로, 우리 앞에 서서 "나를 좇으라.… 내가 곧 길이요, 진리요, 생명이다"(요한복음 1:43, 14:6)라고 말씀하시는, 살아 계신 예수 그리스도 자신입니다. 태초부터 있는 생명의 말씀이신 그분을 사람들은 눈으로 보았고 주목하고 손으로 만졌습니다(요한일서 1:1 참조).

육신을 입고 오신 그분의 사명은 갈보리 언덕에서 보혈을 흘리심으로 절정에 이릅니다. 때가 찼을 때 예수님께서는 십자가에 달려 그 몸으로 우리의 죄를 지시고 우리 대신 고난을 받으사, "의인으로서 불의한 자를 대신하셨습니다. 이는 우리를 하나님 앞으로 인도하려 하신 것입니다"(베드로전서 3:18).

그분의 희생은 말로 다 설명할 수 없지만, 자신을 제물로 드림으로써 단 한 번으로 영원한 속죄를 완전히 다 이루셨다는 사실은 분명한 것입니다.

예수님께서 부활하시고 이어서 승천하셨다는 사실은 강한 힘으로 우리의 주의를 십자가로 향하게 합니다. 왜냐하면 무덤에서 부활하실 수 있는 능력을 지니신 분이 죽으실 때 우리는, 솔직히 말해서, 그런 분이 왜 죽으셔야 했는지 물어보지 않을 수 없기 때문입니다. 이 날카로운 질문에 대하여 복음은 명확하게 대답해 주고 있습니다. "예수는 우리 범죄함을 위하여 내어 줌이 되고, 또한 우리를 의롭다 하심을 위하여 살아나셨느니라"(로마서 4:25).

로버트 리 박사는 처음으로 성지를 순례했을 때의 이야기를 즐겨 하곤 했습니다. 갈보리 언덕을 보자 그는 너무나 흥분이 된 나머지 뛰어오르기 시작했습니다. 함께 오르던 일행은 금방 뒤처져 버렸습니다. 한참 후 그를 따라 잡은 안내인이 물었습니다. "선생님께서는 전에 여기 와 보신 적이 있으신 모양이지요?"

잠시 동안 고요한 침묵이 흘렀습니다. 이윽고 킄 박사는 경외감에 찬 목소리로 나지막하게 대답했습니다. "네, 그렇지요. 약 2천 년 전에 여길 와보았습니다."

그렇습니다. 우리 모두는 약 2천 년 전에 그곳에 갔었습니다. 우리는 다 사형 선고 아래 있었습니다. 그러나 하나님의 놀라운 은혜로 말미암아 예수님께서 우리가 받을 심판을 대신 받으셨던 것입니다. 하나님의 어린양을 바라보십시오! 그분은 세상 죄를 지고 가셨습니다!

은혜를 맛봄

이 십자가를 마주 대할 때 우리는 하나님의 사랑을 가장 잘 깨닫게 됩니다. 우리가 하나님을 사랑한 것이 아니라 하나님께서 우리를 사랑하시고 우리를 위하여 자신을 주셨습니다. 의인이나 자기 친구를 위하여 목숨을 버린다면 이해가 가겠지만, 그러나 "우리가 아직 죄인 되었을 때에 그리스도께서 우리를 위하여 죽으심으로 하나님께서 우리에게 대한 자기의 사랑을 확증"하셨습니다(로마서 5:8). 복음의 놀라움은 바로 여기에 있습니다. 찰스 웨슬리는 이 사실에 대한 감격을 다음과 같이 표현했습니다.

그런 일이 있을 수 있는가?
주님께서 피를 흘리신 것이
나를 위한 것이라니.

그분이 나를 위해 죽으셨다?
내가 그분을 고통스럽게 했는데.

나를 위해서?
내가 그분을 죽음으로 몰아넣었는데.

놀라운 사랑이여!
어찌 그런 일이 있을 수 있는가?
나의 주님, 주님께서 나를 위해 죽으시다니.

사실입니다! 하나님께서는 우리로 하여금 그분의 의를 받을 수 있게 하시려고 우리의 불의를 대신 지셨습니다. 받을 만한 자격도 없었습니다! 해놓은 일도 없었습니다! 전혀 도움받을 수 없는 상태에서, 우리의 모든 선행이 아무 소용이 없을 때, 하나님께서 이 땅에 오셔서 우리의 힘으로는 할 수 없는 그 일을 해주신 것입니다.

복음이 그처럼 놀라운 이유는 바로 여기에 있습니다. 하나님께서는 우리 자신의 힘으로 수렁에서 빠져 나오라고 말씀하시지 않으십니다. 하나님께서 우리를 위하여 그 일을 해주십니다. 우리의 수고나 참회 때문이 아니라, 순전히 그분의 은혜, 대가를 바라지 않는 그분의 사랑으로 말미암았습니다. 구원은 처음부터 끝까지 '하나님의 선물'인 것입니다(에베소서 2:8).

교만하고 궤변을 좋아하는 사람들은 자신들의 선행에 도취되어 이것을 잘 받아들이지 않습니다. 지난 세대의 뛰어난 설교자였던 찰스 베리 박사는 자신이 한때 이 개념 때문에 얼마나 갈등했던가를 이야기해 준 적이 있습니다. 목회를 시작했을 때, 그는 인본주의적인 훈련을 받은 많은 사람들처럼 예수님을 거룩한 구주로서보다는 뛰어난 도덕가요 선생으로 생각했습니다. 그는 기독교를 본질적으로 선한 삶을 살기 위한 하나의 방편으로 보았습니다.

그가 영국에서 처음으로 목회자로서의 생활을 해나가고 있던 어느 날, 밤늦게 서재에서 공부를 하고 있는데, 누가 문을 두드렸습니다. 문을 열고 나가 보니 초라한 옷차림을 한 랭커셔의 한 소녀가 서 있었습니다.

"목사님이신가요?" 소녀가 물었습니다.

그렇다고 대답하자 그 소녀는 간절하게 말했습니다. "저와 함께 급히 좀 가주세요. 목사님께서 어머니를 좀 인도해 주셨으면 합니다."

아마 술이 취해 거리에 쓰러져 있는 여인을 두고 하는 말인 듯싶어서 베리는 "경찰관을 모시고 가는 게 좋지 않겠니?"라고 말했습니다.

"아니에요, 목사님. 저의 어머니는 지금 죽어 가고 있어요. 목사님께서 빨리 오셔서 천국으로 인도해 주세요."

젊은 목사는 외투를 입고 소녀를 따라 나섰습니다. 그들은 인적이 드문 길거리를 지나 2km는 족히 걸었습니다. 소녀의 어머니 방으로 인도된 그는 그 옆에 구릎을 꿇고 앉아서 예수님의 자비하심에 대하여 설명하며, 예수님께서는 어떻게 하면 비이기적인 삶을 살 수 있는가를 보여 주시기 위하여 이 땅에 오셨다고 설명했습니다.

여인은 절망적인 상태로 급히 말을 가로막았습니다. "목사님, 그건 저 같은 사람에겐 아무 소용이 없어요. 전 죄인이에요. 이제 제 삶은 다 끝났어요. 저에게 자비를 베풀어 제 영혼을 구원해 줄 만한 분에 대해 말씀해 주실 수는 없나요?"

베리 박사는 그때 일을 이렇게 회고했습니다. "저는 죽어 가는 여인 옆에 서 있었습니다. 그녀에겐 한마디도 해 줄 말이 없었습니다. 생명이 꺼져 가는 여인에게 무슨 일인가 일어나게 해주기 위해서 나는 내 어머니 무릎에서 듣던, 어린 시절의 신앙으로 되돌아가서 그녀에게 십자가에 대하여 이야기해 주고 그리스도께서 구원해 주실 수 있다고 말해 주었습니다."

그 여인의 뺨에서는 감사의 눈물이 흐르기 시작했습니다. '목사님은 절 도와주셨군요. 전 이제 천국에 가게 되었습니다."

그 유명한 설교자는 다음 말로 이 이야기를 끝맺었습니다. "제가 그 여인을 천국으로 인도했다는 사실을 아시기 바랍니다. 하나님께 영광을 돌립니다. 사실은 그때 저도 함께 구원을 받았고 천국에 들어갔습니다!"

얼마나 놀랍습니까! 회개한 젊은 신학자와 죽어 가는 여인이 함께 구원을 받았고 천국에 들어갔습니다. 그들이 따랐던 그 십자가의 길은 우리 모두에게 같은 효력을 지니고 있습니다.

삶의 변화

 이 결신을 통하여 신자는 죄 사함 받고 의롭다 함을 얻어 새 생활을 시작합니다. "이전 것은 지나갔으니, 보라, 새것이 되었도다"(고린도후서 5:17). 거룩한 성품을 실제로 받는 것입니다. 그리하여 거듭난 사람은 구주 안에서 살기 시작합니다.

 그리스도인은 죄 용서를 받아 의롭다 함을 얻었지만 죄의 영향력과는 계속해서 싸우지 않으면 안 됩니다. 이것은 계속적인 성화(聖化)의 과정이며, 이러한 과정을 겪으면서 점차 주님의 성품을 닮아 가는 것입니다. 도날드 블뢰슈가 말한 것처럼 "의화(義化)는 좁은 문이요, 성화는 곧은길입니다." 복음에 있어서는 양면이 다 필수적입니다. 그러나 불행히도 역사적으로 볼 때 교회는 어느 한 편을 중시하고 다른 한 편은 소홀히 취급하는 경향이 있어 왔습니다.

 거룩한 삶을 온전히 이루는 방법에 대한 견해는 물론 신학자들마다 달라서 매우 다양합니다. 어떤 절대적인 의미의 완전한 성화란 이생에서는 이룰 수 없다고 보는 것이 일반적인 견해입니다. 그러나 우리의 목표를 완전한 성화에 두지 않으면 안 된다는 점에 있어서는 대부분이 동의합니다. "완전함은 우리가 목표해야 할 최종적인 산물이요, 힘써 도달해야 할 목적지이다"라고 한 칼빈의 말은 아마도 개신교의 생각을 잘 대변하고 있는 것 같습니다.

청교도들과 경건주의자들은 특히 이 면에 있어서 민감합니다. 존 웨슬리는 더 나아가, 은혜와 지식 안에서의 성장은 끝이 없지만, 모든 신자는 그리스도 안에 있는 믿음을 통하여 완전-그 자신은 순수한 사랑으로 이해함-을 경험할 수 있다고 가르쳤습니다. 우리가 어디까지 이르렀든지 간에 계속해서 목표를 향해 나아가야 합니다. 그리스도인은 항상 "온전한 사람을 이루어 그리스도의 장성한 분량이 충만한 데까지"(에베소서 4:13) 성장해야 합니다.

믿는 자의 삶은 성령께서 믿는 자에게 채워 주시는 분량만큼 그리스도의 삶을 닮게 됩니다. 이러한 내적인 원동력이 있기 때문에 기독교는 이 세상을 죄로부터 거룩함에 이르도록 구원할 수 있는 것입니다. 이 힘으로부터 불쌍히 여기는 자비의 행위와 담대한 전도가 나오는 것입니다.

교회의 사명

구속(救贖)받은 이들의 교제인 교회는 복음 사역을 위하여 부르심을 받았습니다. 이 부르심에 주의를 기울이며 과거, 현재, 미래를 다 하나님의 아들을 믿는 믿음으로 살아가는 모든 사람들은 이 '성도들의 교제'의 일부가 됩니다. 그리스도인이 고립되어 홀로 살 수는 없습니다. 성령으로 거듭난 우리는 그리스도 안에서 한 몸이 되어 서로 지체가 되었습니다(로마서 12:5). 우리는 그리스도의 몸이요 그리스도께서는 그 몸의 머리이십니다(고린도전서 12:27, 에베소서 1:22, 골로새서 1:18).

이러한 영적 관계 안에서 몸의 각 지체는 "주(主)도 하나이요, 믿음도 하나이요, 세례도 하나이요, 하나님도 하나이시니"(에베소서 4:5-6)라는 말씀과 같이 하나로 연합되어 있습니다. 그 몸의 머리이신 그리스도께서는 그분을 부르는 모든 사람에게 풍성한 복을 주십니다(로마서 10:12). 그리스도 안에서 한 몸 지체를 이루고 있는 우리가 하나로 연합되어 있다는 것은 너두도 당연한 것입니다. 이것은 사람들이 인위적으로 만든 것이 아닙니다. 교회의 연합은 조직체로서가 아니라 유기체로서 하나가 된 것입니다.

교회의 참된 본질은 물론 그 물리적인 구조와 동일시할 수는 없습니다. 그러나 이 세상에서는 물리적인 것을 떠나 영적인 것만 홀로 존재하지는 않습니다. 인간적인 결점들에도 불구하고 이 공동체는 '하나님의 나라의 대행자'이며, 이 공동체를 통해 하나님의 통치가 임하며, 그분의 뜻이 하늘에서 이루어진 것같이 이 땅에서도 이루어지는 것입니다.

그리스도의 몸 된 교회는 주님께서 하셨던 그 사역을 계속합니다. 여기서 많은 사람들이 흔들립니다. 우리는 교회를 영양을 공급하는 기관, 그 자체의 보존을 목적으로 하고 있는 기관으로 보는 경향이 있습니다. 이것은 성경공부 그룹, 기도회, 교제 모임 등 모든 필요한 것들이 늘어나는 것으로 나타납니다. 물론 이 모든 것들은 다 필요합니다. 그러나 우리 스스로를 섬기다 보면 그리스도의 몸 된 우리의 구속적 사명에 대한 시야를 잃어버리는 때가 종종 있습니다.

하나님께서 아들을 이 세상에 보내신 것처럼, 아들은 그분의 교회를 세상에 보내셨습니다(요한복음 17:18, 20:21 참조). 예수님 당시 스스로를 섬겼던 종교 지도자들과 같은 그릇된 신념을 갖지 않도록 조심합시다. 그들의 태도는 십자가 앞에서 그들이 한 말 가운데서 나타납니다. 그들은 예수님을 조롱했습니다. "저가 남은 구원하였으되 자기는 구원할 수 없도다"(마가복음 15:31). 예수님께서는 물론 스스로를 구원하실 수 없으셨습니다. 예수님께서는 자신을 구원하시려고 오신 것이 아니라 우리를 구하러 오셨던 것입니다. 예수님께서는 "섬김을 받으려 함이 아니라 도리어 섬기려 하고 자기 목숨을 많은 사람의 대속물로 주려고" 오셨습니다(마가복음 10:45). 그분은 "잃어버린 자를 찾아 구원하려고" 오셨습니다(누가복음 19:10).

우리가 부름받은 것과 같이 그분의 십자가를 진 사람들은 이 임무를 떠맡게 됩니다. 우리는 모두 이 사역을 위하여 하나님으로부터 보내심을 받았습니다. 곧 우리는 모두 다 같이 그리스도의 사역에 부르심을 받은 것입니다.

성직자는 곧 사역을 지워 주는 자들이요, 평신도는 그 임무를 받는 자들이라는 생각은 신약성경 어디에도 없습니다. 실제로 성경에 나오는 헬라어 laity(평신도)는 하나님의 모든 백성을 가리키는 말입니다(고린도후서 6:16, 베드로전서 2:10 참조). 한편 영어 clergy(성직자)의 헬라어 어원은 교회와 연관되어 그리스도의 기업을 받은 모든 사람이라는 뜻을 가지고 있습니다(사도행전 26:18,

골로새서 1:12). 그러므로 이 단어들은 다 같이 모든 신자들을 뜻하는 것입니다. 많은 평신도들이 교회의 임무에 대해 아무 책임도 느끼지 않고 있다는 것은 그들의 헌신, 아니면 그들을 지도하는 지도력에 문제가 있다는 것을 나타냅니다.

신자들이 몸 안에서 각기 다른 기능을 가지고 있는 것은 틀림없습니다. 봉사의 방법은 다양합니다(로마서 12:4, 고린도전서 12:4-27 참조). 어떤 사람들은 그들이 받은 특별한 재능과 성품으로 말미암아 전도자의 일을 하기에 적합하고, 또 어떤 사람들은 행정, 목회, 혹은 돕는 일을 합니다. 이 기능들이 제대로 쓰이기만 한다면 모든 지역 교회는 그 건강과 사역에 필요한 모든 은사를 다 가지고 있게 되는 것입니다.

이와 같은 은사를 받은 일꾼들은 성도를 온전케 하는 일을 해야 합니다(에베소서 4:11-12). 성경 말씀 중에 '온전케 하다'라는 말은 어떤 것을 적절한 조건을 갖추도록 만드는 것을 의미합니다(예를 들면 누가복음 6:40). 그렇기 때문에 회중들이 어떻게 봉사하는가 하는 것은 그 지도자의 성공 여부에 대한 진정한 척도가 되는 것입니다.

물론 전도만이 교회의 사역의 전부는 아닙니다. 그러나 이것은 가장 중요합니다. 전도가 없이는 교회가 있을 수 없기 때문입니다. 교회가 그 기능을 제대로 발휘할 때 각 신자들의 삶을 통하여 사람들이 자연스럽게 그리스도께로 나아오게 될 것입니다.

모든 족속으로 제자를 삼음

전도를 통하여 교회는 재생산을 합니다. 이것은 그리스도께서 교회에 부탁하신 말씀 가운데 뚜렷이 드러나 있습니다. 주님께서는 이렇게 말씀하셨습니다. "그러므로 너희는 가서 모든 족속으로 제자를 삼아 아버지와 아들과 성령의 이름으로 세례를 주고, 내가 너희에게 분부한 모든 것을 가르쳐 지키게 하라"(마태복음 28:19-20). 헬라어 원어에서 이 구절에 사용된 단 하나의 동사가 바로 '제자를 삼으라'는 말이었다는 것은 중요한 사실입니다. 가서, 세례를 주고, 가르쳐 지키게 하라와 같은 말은 다 분사들로서 그 주동사에 종속되어 있는 것들입니다. 제자를 삼을 때라야 다른 모든 활동들도 제 목적을 찾을 수 있게 되는 것입니다.

제자는 배우는 자로서 그 스승을 따를 결심을 한 사람입니다. 우리는 복음의 부르심에 응답하여 배우는 과정을 밟기로 결심하였으며, 이렇게 하여 점차적으로 우리 주님의 형상을 닮아 갑니다.

이 말 가운데는 그리스도의 몸 된 교회의 교제 안에서 하나님의 말씀에 순종하는 훈련된 삶으로 우리를 부르셨다는 의미가 들어 있습니다. 우리는 제자로 부르셨다는 사실을 늘 명심하지 않기 때문에 새신자들로 거룩한 삶을 살도록 훈련시키는 일에 너무 무관심하게 되는 경우가 많은 것 같습니다.

　전도와 훈련은 상호보완적 관계에 있습니다. 어느 한 가지만 있을 수는 없습니다. 결신만 강조하고 성장을 소홀히 다룬다면 결국 교회는 성장하지 않는 아기들만 늘어나게 됨으로써 그 질이 낮아져 버릴 것입니다. 반대로 교육에만 치중하고 전도를 소홀히 한다면 교회는 결국 새로운 생명의 흐름이 끊겨 정체되어 버릴 것입니다.

　예수님께서는 병든 자들을 고치시고, 굶주린 자들을 먹이시며, 가난한 자들에게 복음을 전하시는 등 계속적으로 사람들을 섬기셨지만, 대중들을 위한 이 사역 때문에 소수의 제자들을 훈련시키는 일을 소홀히 하지는 않으셨습니다. 대중들을 덜 사랑하셨기 때문에 그렇게 하신 것은 아니었습니다. 그분의 사역이 계속 재생산되게 하려면 이 세상 사람들을 향한 그분의 사랑과 비전을 배우고 가슴에 품으며 이것으로 불타는 사람들을 반드시 길러야만 했던 것입니다.

　그래서 예수님께서는 종으로서 섬기는 일을 하실 때

몇몇 제자들을 늘 가까이 데리고 다니셨습니다. 그들은 마치 한 가족과 같은 관계를 가지고 있었습니다. 제자들은 주님과 함께 다니고 함께 지내며 함께 머물었습니다. 그것을 통하여 그분이 어떻게 사시는지를 관찰했으며, 점차적으로 그분의 사역에 동참하기 시작했습니다. 마지막으로 예수님께서 "제자를 삼으라"고 말씀하셨을 때 그들은 그 뜻이 무엇인지를 이해했습니다. 그것은 그분이 그들과 함께 해오셨던 일이었기 때문입니다. 지상사명은 어떤 생소하거나 납득이 잘되지 않는 그런 것이 아니었습니다. 그것은 예수님께서 사셨던 삶이었으며, 그분은 단지 그들에게 자신과 똑같은 삶을 살라고 말씀하고 계셨던 것입니다.

이 지상사명은 어떤 직업을 가진 사람에게나 다 해당됩니다. 또한 우리는 이것을 어떤 특별한 은사나 부르심으로만 한정짓지 말아야 합니다. 물론 그리스도의 몸 된 교회가 제대로 기능을 하기 위해서는 다양한 은사들이 꼭 필요합니다. 그러나 제자삼는 사역은 일상생활 가운데서 이루어져야 할 보다 기본적인 사역입니다. 이 사역은 은사가 아니라, 그리스도인이라면 누구나 감당해야 할 보편적인 명령인 것입니다. 늘 함께하는 가족이나 친구들 사이에서, 그리스도를 배우고자 하는 열망이 있는지 민감하게 살피고, 어떻게 믿음의 삶을 살아갈 수 있는지를 보여 주며, 그들의 은사를 사용하여 섬기는 삶의 기쁨을 깨닫도록 도울 때, 우리는 매일매일 지상사명을 이루는 즐거움 가운데서 살 수가 있는 것입니다. 더욱이 한꺼번에 많은 사람을 사귈 수는 없기 때문에 일생 동안 제자로 삼을 수 있는 기회는 누구에게나 비슷하게 주어집니다.

저자삼는 사역에 강조점을 둘 때 전도가 끊이지 않고 이어지게 됩니다. 조만간 사람 낚는 어부가 되는 법을 배우지 않고는 그리스도를 따를 수 없습니다. 진정한 제자라면 제자삼는 법을 배울 뿐만 아니라, 그 일을 다른 사람들에게 가르칩니다. 즉각적인 결과를 얻는 것도 중요하지만 한 사람의 증거 방법이 다음 세대에까지, 그리고 그 이후 세대로도 계속 전달이 된다는 사실도 또한 중요합니다. 효과적인 복음 전파 사역은 그 사역 자체에 재생산을 위한 씨앗이 들어 있습니다. 이같이 해야 시간이 지나감에 따라 배가를 통하여 복음이 땅 끝까지 전파될 것입니다.

성령의 역사하심

 성령 하나님께서는 그분의 신기한 능력으로 힘을 불어넣어 주시는 분이십니다. 기독교의 다른 사역과 마찬가지로 전도도 인간적인 재주로 성취할 수는 없습니다. 우리가 할 수 있는 일은 다만 성령께서 우리를 마음대로 사용하실 수 있도록 우리 자신을 비워 두는 일입니다. 이 사실을 이해하지 못할 때 우리는 사역을 하다가 많은 좌절감을 맛보게 됩니다.

 제삼위가 되시는 하나님으로서 성령께서는 우리 안에서 우리를 통하여 그리스도께서 우리를 위해 해주신 일을 이루고 계십니다. 신령한 성품을 주시고 성령으로 거듭나게 하시는 이유는 바로 여기에 있습니다(요한복음 3: 3,5,7). 생명을 주시는 분은 성령이십니다. 육은 무익합니다. 마찬가지로 하나님과의 관계를 유지하고 발전시키는 분도 성령이십니다. 그분은 우리의 마음을 예비하여 예배를 드릴 수 있게 해주십니다. 기도를 도와주십니다. 진리 가운데로 인도하십니다. 말씀을 통하여 우리를 거룩한 사람으로 변화하도록 도우십니다. 처음부터 끝까지 위로부터 오는 생명은 성령을 통해서 흘러나옵니다.

하나님의 구속 사역도 똑같은 능력에 의해서 성취되는 것입니다. 예수님께서는 자신의 사역과 연관 지어 이 진리를 강조하셨으며, 제자들도 그와 같이 성령의 기름부음을 받아 일하기를 기대하셨습니다. 성령께서는 그들에게 할 말을 일러 주셨습니다. 그 성령께서 이 세상의 죄에 대하여, 의에 대하여, 심판에 대하여 분명히 알려 주십니다(요한복음 16:8). 이 모든 것들을 통하여 성령께서는 아들을 영화롭게 하십니다. 그 모든 일들은 하나님의 성령의 권위와 임재하심 가운데서 이루어집니다.

예수님께서 아버지께로 돌아가시는 덕분에 성령께서 능력으로 임하시리라는 약속이 교회에 주어졌으며, 이로 말미암아 제자들은 그리스도께서 하셨던 것과 같은 일을 하게 되며, 오히려 "그보다 큰 일도 하게 되리라"(요한복음 14:12)는 약속을 받았습니다. 처음에는 그 말씀이 믿기지 않았습니다. 구속받은 죄인들이 어떻게 그들의 주님보다 더 큰 일을 할 수 있겠습니까? 그러나 오순절에 성령께서 강림하시자 그 사실은 곧 분명하게 밝혀졌습니다.

바로 그날, 성령 충만함을 받은 그들은 곧 복음을 선포했고, 베드로가 복음을 전하자 삼천 명이 회개하는 역사가 일어났습니다. 그 수는 예수님의 공생애 기간 동안 구원 얻은 모든 사람의 수보다 훨씬 많았습니다. 그 후로부터 매일같이 다른 많은 사람들이 구원받아 그리스도의 몸 된 교회에 더해졌습니다. 교회는 문자 그대로 폭발적인 전도의 불이 붙었습니다. 그것은 진실로 더 큰 일이었습니다(요한복음 14:12).

하나님께서 계획하신 방법은 바로 이와 같았습니다. 하나님의 아들이 육신을 입고 오신 것은 단지 대중들에게 복음을 전하기 위해서가 아니라, 세상 사람들로 구속받을 수 있도록 하기 위함이었습니다. 그분의 사역에서 대부분의 시간은 그분의 과업을 수행할 몇 제자들을 준비시키는 데 드려졌습니다. 주님께서는 구속 사업을 마치시고 곧 하늘나라로 가셨습니다. 추수하는 일의 즐거움은 그 제자들에게 맡겨졌습니다.

예수님께서는 육체를 지니신 분으로서는 그들을 떠났지만, 그들을 고아처럼 버려 두지는 않으셨습니다. 사실 예수님께서 미리 말씀하셨던 대로 떠나가시는 것이 그들에게 더 유익이었습니다. 그래야 그들이 믿음으로 더 깊고 더 지속적인 교제를 경험할 수 있었던 것입니다. 예수님께서는 어떤 교리나 신조 같은 것을 말씀하신 것이 아니라 분명한 사실을 말씀하신 것입니다. 성령께서는 주님과 같은 분으로서 그들 안에 거하시며 영원토록 함께 계시는 분이십니다(요한복음 14:16-17 참조).

우리는 영광을 받으신 주님께서 왜 그분의 제자들에게 약속하신 것을 받을 때까지 예루살렘에 머물러 있으라고 말씀하셨는지 이해할 수 있습니다(누가복음 24:49, 사도행전 1:4-5,8). 그렇지 않고서야 그들이 임무를 어떻게 수행할 수 있었겠습니까? 주님께서 하신 말씀과 같기신 사역이 그들의 마음을 불타게 해야 했습니다. 그들이 부름받은 초인간적인 사역을 수행하기 위해서는 위로부터 오는 초자연적인 능력을 받아야 했습니다.

모든 다른 사람들에게도 마찬가지입니다. 성령께서 우리 삶 가운데서 아들을 높이실 때라야 사람들이 아버지께로 이끌림받게 될 것입니다. 이 능력으로 아니하는 어떤 전도의 노력도 불모지처럼 생명력이 없습니다. 전도는 결국 하나님의 추수요, 그 일을 하는 데 필요한 힘은 그분만이 공급해 주실 수 있습니다. 신약에서 전도의 비밀은 성령께서 그분의 방법대로 일을 하실 수 있도록 해드리는 데 있습니다.

영광스러운 결말

 추수하는 일에 있어서 우리의 위치가 무엇이든 우리는 이 일이 끝나리라는 확신을 가지고 일을 합니다. 기독교 신학의 핵심인 전도는 역사가 움직이고 있는 방향, 곧 교회의 완성, 보혈로 씻음받은, 그리스도의 신부 된 교회가 "그 영광 앞에 흠이 없이 즐거움으로 서게"(유다서 24) 될 그 목표를 향하고 있습니다. 우리는 그 목표를 향하여 나아가고 있습니다.

 실로 그리스도 안에서 하나님의 나라는 그분 앞에 경배하는 사람들의 마음 가운데 이미 임하였고, 새 예루살렘 안에서 하나님 나라가 실현될 날이 하루하루 다가오고 있습니다. 제자들이 제자를 삼고, 제자가 된 이들이 또 다른 사람들을 가르칠 때, 마침내 하늘나라의 복음이 땅 끝까지 전파될 것입니다. 교회의 군병들은 진격하는 군대처럼 결국에는 사탄의 제국을 무너뜨릴 것이며 지옥문을 쳐부술 것입니다. 승리는 분명합니다. 하늘나라의 총회에서는 벌써 축제가 시작되었습니다.

나는 요한계시록 읽기를 좋아합니다. 그중에서도 하나님의 보좌 주위에서 울려 나오는 승리의 찬가를 특히 좋아합니다. 요한계시록 4장부터 19장까지 중간 중간 들어 있는 이 찬가들은 도합 약 14편이나 됩니다. 여기에서 대부분의 묘사들은 땅 위에서 베풀어질 두려운 심판에 대한 것이지만 간간이 하늘나라의 문을 열고 하나님의 존전에서 경배하고 있는 장면들을 잠깐씩 보여 줍니다.

어린양의 피로 구속함을 받은 수많은 성도들이 스랍들과 그룹들, 장로들, 그리고 수많은 천사들과 함께하고 있는 사실을 주목해 보셨는지요? 그들은 두루마기를 입고, 손에는 수금과 승리의 상징인 종려나무 가지를 들고 있습니다. 그들의 수는 너무나 많아서 헤아릴 수가 없습니다. 엄청나게 많은 사람들이 동서남북으로부터 모여 왔습니다. 이들은 각 나라와 족속과 백성과 방언에서 나아왔습니다. 지상사명은 완성되었습니다! 바로 지금 하늘나라의 뜰에서는 승리한 교회의 할렐루야가 울려 나오고 있습니다. 들어 보십시오! 하늘에 큰 음성이 울려 퍼지고 있습니다. "세상 나라가 우리 주와 그 그리스도의 나라가 되어 그가 세세토록 왕 노릇 하시리로다"(요한계시록 11:15).

지금 이 땅 위에서 우리가 하는 일은 더디고 낙심이 될지도 모르지만 하나님의 계획은 결코 실패하지 않는다는 것을 믿어야 합니다. 하나님의 나라는 무적의 왕국입니다. 언젠가는 승리의 나팔이 울려 퍼지고, 인자가 영광의 구름을 타고 그 군대를 거느리고 뭇 성도들과 함께 하늘로부터 강림하실 것이며, 그분의 모든 적들은 그 발아래에 무릎을 꿇게 될 날이 올 것입니다. 그 나라는 장차 우리가 거하게 될 나라입니다.

인도의 개척 선교사였던 스콧 목사는 복음이 전파되지 않은 미개척 선교지를 향하여 가다가 적의를 품은 한 무리의 전사들에게 붙잡히게 되었습니다. 그들은 긴 창으로 그의 심장을 겨누었습니다. '이젠 꼼짝없이 죽게 되는구나' 하는 생각이 들었지만 그는 하나님의 약속 위에 굳게 서서 늘 가지고 다니던 바이올린을 켜면서 원주민들의 언어로 찬송을 하기 시작했습니다.

주 예수 이름 높이어 다 찬양하여라.
그 앞에 무릎 꿇고서 면류관 드리세.
금 면류관을 드려서 만유의 주 찬양.

스콧 목사는 잠시 후면 다가올 죽음을 기다리며 눈을 감고 찬양을 계속했습니다. 그러나 3절이 다 끝나도록 아무 일도 일어나지 않아서 눈을 떠보니 그를 겨누고 있던 사람들의 손에서 창이 떨어져 있었으며, 눈에는 눈물이 가득 고여 있었습니다.

전사들은 찬양을 받으실 그 높으신 이름이 누구인지 말해 달라고 했습니다. 그리하여 그는 그들과 함께 집으로 가서 여러 해 동안 그들 가운데서 거하며 수많은 사람들을 그리스도꼐로 인도했습니다.

나는 이 이야기 속에 오늘날 우리들에게 주는 교훈이 하나 들어 있다고 생각합니다. 그것은 '우리를 반드시 역경 - 나아가서는 죽음 - 으로부터 구원해 주실 것이다'는 것이 아니라, '어떤 일이 일어나더라도 그리스도의 이름은 마침내 전파된다'는 것입니다. 전도에 있어서 궁극적인 승리는 절대로 의심할 필요가 없습니다.

이것은 희망의 고리 이상의 것이며, 예수 그리스도께서 모든 것을 이기셨다는 단적인 선언입니다. 이러한 신학은 우리의 발걸음에 활력을 주며, 우리의 마음에 노래를 줍니다. 현재 우리가 어떤 일을 당하게 되든지, 이 세상의 고난들이 우리를 얼마나 괴롭히든지, 하나님께서는 모든 환경을 통하여 자신의 목적을 이루신다는 사실을 우리는 압니다. 그러므로 갈등에 빠지지 말고, 우리의 눈길을 승리에 고정시킵시다.

만왕의 왕께서 오십니다! 우리가 장래에 어떻게 될 것인가는 아직 나타나지 않았지만, 그분이 나타내심이 되면 우리는 그분과 같을 줄을 압니다(요한일서 3:2). 그리고 모든 이들이 그분 앞에 무릎 꿇고 절할 것입니다. "하늘에 있는 자들과 땅에 있는 자들과 땅 아래 있는 자들로 모든 무릎을 예수의 이름에 꿇게 하시고 모든 입으로 예수 그리스도를 주라 시인하여 하나님 아버지께 영광을 돌리게 하셨느니라"(빌립보서 2:10-11).

이 비전이 언제나 우리 앞에 있으니 나아가 소리 높여 그 나라를 담대히 선포합시다.

주 믿는 성도 다 함께 주 앞에 엎드려
무궁한 노래 불러서 만유의 주 찬양!
금 면류관을 드려서 만유의 주 찬양!

요약 및 토의를 위한 질문

전도는 하나님께서 주신 구원의 말씀을 전달하는 문제를 다루고 있습니다. 따라서 그것은 진리 안에 있어야 하며, 기독교 교리에서 절대로 벗어나서는 안 됩니다. 복음에 관계된 어떤 활동도 신학적인 온전성이 결여되어 있을 경우, 그것은 잘못된 주장일 수밖에 없습니다. 마찬가지로 전도의 열정이 살아 움직이지 않는 신학은 무용지물입니다.

좀 더 깊이 생각해 볼 필요가 있는 문제들을 이 책자의 개요와 연관시켜 몇 가지씩 소개합니다.

좋은 소식을 알리는 것

신약성경에서 전도라는 단어는 문자 그대로 좋은 소식을 전한다는 뜻입니다. 이 단어의 헬라어 원어는 승리의 소식을 알리는 데, 또는 승리에 대하여 감사를 표현할 때 사용되었습니다. 물론 이보다 넓은 의미도 있습니다. 성경의 문맥 가운데서 살펴볼 때 이 단어는 그리스도 안에서 구속함이 이루어졌다는 개념을 전달하고 있습니다.

문: 전도는 왜 복음서에서 변함없는 주제의 하나가 되고 있습니까?
문: 복음을 선포하는 것과 가난한 자를 구제하며 사회 정의를 실현하는 것은 어떤 관계가 있습니까?

하나님의 계시

복음이 그처럼 능력 있는 것은 그 근원이 하나님께 있기 때문입니다. 그것은 인간이 하나님을 찾은 이야기가 아니라 하나님께서 인간을 찾아오신 이야기입니다. 그 이야기가 기록된 증서가 바로 하나님의 감동으로 쓰인 성경입니다. 절대주권자이신 하나님께서 인간에게 말씀하셨다는 사실은 곧 전도가 계시라고 하는 속성 자체에 닻을 내리고 있음을 말하여 줍니다.

문: '너 자신을 알라'라는 전제에서 출발한 신학 체계의 오류는 무엇입니까?
문: 선포하는 말씀은 단지 하나님께서 이미 하신 말씀을 그대로 반사해야 한다는 사실에 대해 어떻게 생각합니까?

인간의 진정한 필요를 채움

인간은 하나님의 형상을 따라 창조되었지만 각기 제 길로 갔습니다. 이와 같이 스스로를 우상화한 고집이 죄의 핵심입니다. 그 결과 인간은 한 사람으로부터 인류 전체에 이르기까지 다 잃어버린 바 되고 사망과 지옥의 심판 아래 놓이게 되었습니다.

문: 왜 전도를 통하여 인류의 타락과 싸워야 합니까?
문: 죄에 대한 하나님의 진노와 하나님의 사랑은 어떻게 조화를 이룰 수 있습니까?
문: 오늘날 널리 퍼져 있는 만인구원론이라는 잘못된 가르침은 전도에 어떤 영향을 미칩니까?

그리스도의 성육신

그리스도께서 혈과 육을 입고 오심으로써 복음은 구체화되었습니다. 이것은 공적인 기록으로 남아 있어서 역사적으로 증명될 수 있는 소식입니다. 주님의 구속 사역은 갈보리에서 세상 사람들을 위하여 죽으심으로써 절정에 달했습니다. 그 속죄의 죽음의 효력은 육신의 부활과 승천을 통하여 뚜렷하게 드러났습니다.

문: 그리스도의 생애와 사역의 역사성에 의문을 제기하는 것은 왜 전도에 방해가 됩니까?

문: 기독교는 인격이신 주님께 관한 것이지 어떤 신조가 아니라는 것은 무슨 뜻입니까?

은혜를 맛봄

여기에 복음의 경이가 있습니다. 우리는 하나님을 사랑하지 않았는데도 하나님께서는 우리를 사랑하시고 우리를 위하여 자신을 주셨습니다. 구원은 전혀 뜻밖의 선물입니다. 우리 편에서는 다만 죄를 회개하고 예수 그리스도를 믿을 뿐입니다. 이러한 믿음의 행위로 인하여 삶은 완전히 변화받습니다.

문: 선행으로 구원을 얻는다는 생각은 왜 전도에 해를 줍니까?

문: 사람이 회심하고 나면 어떻게 그리스도의 증인이 됩니까?

삶의 변화

믿음의 발걸음을 내딛는 순간부터 활발한 영적 성장 과정이 시작됩니다. 성화란 삶이 계속적으로 변화되어 성숙으로 향하는 진행 과정입니다. 믿는 자는 거룩해져 갈수록 점점 더 주님의 완전하신 성품을 닮게 됩니다.

문: 영적인 변화 과정은 아직 믿음의 발걸음을 내딛지 않은 사람들에게 어떤 식으로 매력을 줍니까?

문: 거룩함에서 성장하는 것이 어떻게 그리스도인들로 하여금 전도의 중요성을 더욱 깊이 깨닫게 합니까?

교회의 사명

복음의 초청에 귀 기울여 듣고 하나님 나라에 들어온 사람들은 다 구속받은 자들의 우주적이고 영원한 교제, 즉 그리스도의 몸 된 교회의 지체가 됩니다. 각 지체는 그가 받은 은사에 따라서 교회의 사명 가운데서 중요한 역할을 담당하게 됩니다. 영적 지도자는 성도들을 온전케 하여 그들로 하여금 자신들이 맡은 일을 해나갈 수 있도록 돕는 기능을 담당하고 있습니다.

문: 교회의 목드가 신자들에게 영적인 양식을 먹이는 데만 있기보다는 계속해서 이 세상을 향한 그리스도의 구속 사업을 전하는 데에 집중되어 있다면 전도어는 무슨 일이 일어납니까?

문: 성도들을 온전케 해주는 사역은 영적 은사와 어떤 관련이 있습니까?

문: 전도의 은사를 받은 전도자와, 은사와는 관계없이 마땅히 할 일로서 전도를 하는 사람은 어떤 차이가 있습니까?

모든 족속으로 제자를 삼음

예수님께서는 그분의 몸 된 교회에게 '모든 족속으로 제자를 삼으라'는 사명을 주셨습니다. 그것은 주님을 따르라는 부르심이요, 주님의 십자가를 지고 주님 자신과 같이 우선순위에 따라 살라는 부르심입니다. 그분을 닮아가는 데 강조점을 둠으로써 그리스도께서는 자신의 제자들이 자신의 성품을 닮는 일에만 성장하는 것이 아니라, 자신의 사역에까지 활발하게 동참해야 한다는 것을 확신시켜 주셨습니다.

문: 그리스도의 제자들은 왜 반드시 제자삼는 자들이 되어야 합니까?

문: 지상사명에는 예수님의 삶의 방식이 어떻게 나타나 있습니까?

문: 제자삼는 일은 왜 이 세상을 복음화하는 데 있어서 가장 자연스럽고 강력한 방법입니까?

성령의 역사하심

삼위일체 하나님의 제삼위 되시는 성령께서는 하나님의 말씀을 실제로 살아 움직이게 하십니다. 그분은 그리스도께서 우리를 위하여 성취하신 일이 우리 안에서 효력을 발휘하게 하십니다. 성령이 충만한 신자의 삶을 통해서는 예수님의 성품이 나타나게 됩니다. 오순절에 임하신 이 내적인 원동력으로부터 긍휼히 여기는 섬김과 담대한 증거의 사역이 나오는 것입니다.

문: 전도의 열매가 성령께 달려 있는 이유는 무엇입니까?
문: 성령께서 능력을 부어 주셨다는 것을 어떻게 알 수 있습니까?

영광스러운 결말

신학의 핵심이라 할 수 있는 전도는 역사가 진행하고 있는 궁극적인 목표를 향해 우리의 힘을 쏟게 합니다. 교회가 완성되어 흠 없이 하나님 앞에 나타나게 될 때 그분의 영광의 찬송이 될 것입니다. 영원한 하늘나라의 총회에서는 이미 지상사명이 이루어졌고 축제가 시작되었습니다. 이 비전이 항상 우리 앞에 있어 해가 갈수록 가까워 오고 있기에, 우리는 활기 있게 발걸음을 내딛고, 마음으로 찬양을 부릅니다.

문: 현재와 미래에 있어서 그리스도의 왕국은 어떤 의미를 지니고 있습니까?

문: 우리는 왜 장차 오실 우리의 왕 되신 그리스도와 모든 것을 이기실 그분께 우리의 눈길을 고정시켜야 합니까?

✻ 네비게이토 소책자 시리즈 ✻

1. 성경암송을 통하여 주님께로 돌아오다 ·················· 도슨 트로트맨
2. 시대의 요청 ··· 도슨 트로트맨
3. 재생산을 위한 출생 ··· 도슨 트로트맨
4. 수레바퀴 예화 ··· 네비게이토
5. 일대일 사역 ·· 잭 그리핀

6. 제자의 특징 ·· 론 쎄니
7. 하나님의 뜻을 아는 법 ·· 러쓰 존스톤
8. 기도의 하루를 보내는 방법 ··· 론 쎄니
9. 기도 응답을 받는 방법 ·· 제리 브릿지즈
10. 경건한 여인 ·· 라일라 스팍스

11. 전도를 즐기는 삶 (영문판: A Life That Enjoys Evangelism)······ 하진승
12. 섬김을 위한 부르심 ··· 레이 호
13. 정 직 ·· 헬렌 애쉬커
14. 그리스도를 닮아감 ·· 짐 화이트
15. 최후의 승리를 얻기까지 ·· 월터 헨릭슨

16. 전도의 열정 ··· 로버트 콜만
17. 영적인 의지력 ··· 제리 브릿지즈
18. 사고방식의 변화 ··· 조지 산체스
19. 대인 관계의 성서적 지침 ··· 조지 산체스
20. 말씀의 손 예화 ··· 네비게이토

21. 열 심 (영문판: ZEAL) ··· 하진승
22. 원만한 결혼 생활 ·· 잭 & 캐롤 메이홀
23. 조지 뮐러 ·· A. 심즈
24. 말씀 중심의 삶 ·· 하진승
25. 주제별 성경 암송 제1권 ··· 네비게이토

26. 주제별 성경 암송 제2권 ··· 네비게이토
27. 주제별 성경 암송 제3권 ··· 네비게이토
28. 서로 돌아보아 ·· 하진승
29. 양 육 ·· 네비게이토
30. 경건이란 무엇인가 ··· 제리 브릿지즈

31. 권위와 복종 ·· 론 쎄니
32. 고난 중 도우시는 하나님 ··· 샌디 에드먼슨
33. 기도의 특권을 누리자 ·· 하진승
34. 은혜로운 말 ··· 캐롤 메이홀
35. 하나님을 의뢰함 ·· 제리 브릿지즈

36. 친밀한 부부 관계의 원리 ·· 짐 & 제리 화이트
37. 배우는 자로 살자 (영문판: Live as a Learner) ······················ 하진승
38. 합력하여 선을 이루시는 하나님 ·· 리처드 크렌즈
39. 고난 중의 소망 ··· 덕 스팍스
40. 청년의 시기를 어떻게 보낼 것인가 (영문판: How to Live Out Our Youth) ··· 하진승

✴ 네비게이토 소책자 시리즈 ✴

41. 약속을 주장하는 삶 ·············· 덕 스팍스
42. 경건의 시간을 갖는 법 ·············· 워렌 & 룻 마이어즈
43. 개인의 중요성 ·············· 론 쎄니
44. 헌 신 ·············· 로버트 보드만
45. 내가 배운 교훈들 ·············· 오스왈드 샌더스

46. 하나님의 말씀은 ·············· 하진승
47. 현숙한 여인 ·············· 신시아 힐드
48. 어떻게 친구를 사귈 것인가 ·············· 제리 & 메리 화이트
49. 외로움을 느낄 때 ·············· 엘리자베스 엘리엇
50. 하나님께서는 당신의 직업을 귀히 여기신다 ·············· 셔먼 & 헨드릭스

51. 자녀의 자부심을 키워 주는 법 ·············· 게리 스몰리 & 존 트렌트
52. 직장 생활에서 낙심될 때 ·············· 덕 셔먼
53. 스트레스를 다루는 법 ·············· 단 워릭
54. 서로 의견이 엇갈릴 때 ·············· 잭 & 캐롤 페이홀
55. 그리스도인의 삶의 올바른 동기 ·············· 하진승

56. 나를 기뻐하시며 사랑하시는 하나님 ·············· 룻 마이어즈
57. 제자삼는 삶의 동기력 ·············· 짐 화이트
58. 기도 - 보이지 않는 적과의 싸움 ·············· 제리 브릿지스
59. 효과적인 간증 ·············· 데이브 도슨
60. 감격하며 살아야 할 그리스도인 ·············· 하진승

61. 믿음의 경주 ·············· 잭슨 양
62. 사도 바울의 영적 지도력 ·············· 오스왈드 샌더스
63. CARE (서로 보살피는 부부) ·············· 하진승
64. 참 특이한 기도 (P?P : Pretty Peculiar Prayers) ·············· 하진승
65. 모세의 순종 ·············· 윌킴톡

66. 상급으로 주신 자녀 ·············· 하진승
67. 하나님께서 쓰시는 사람 ·············· 월터 헨릭슨
68. 기도의 본 ·············· 워렌 & 룻 마이어즈
69. 다윗의 한 가지 소원 ·············· 조이스 터너
70. 생명을 구하는 삶 ·············· 피터슨 & 드렐켈드

71. 순종의 축복 ·············· 마르다 대처
72. 참 좋으신 착하신 아버지 ·············· 리로이 아임스
73. 하늘에 보물을 쌓는 삶 ·············· 잭 데이홀
74. 거룩 : 하나님께 성별된 삶 ·············· 헬렌 애쉬커
75. 가정의 중요성 (영문판 : Importance of Home & Family) ·············· 하진승

76. 날마다 제 십자가를 지고 (영문판 : Taking Up the Cross Daily) ·············· 하진승
77. 제자의 올바른 태도 ·············· 톤 쎄니
78. 주님의 부르심을 따라가는 삶 ·············· 하진승
79. 견고하게 평생 지속해야 할 일 ·············· 하진승

전도의 열정

1986년 9월 20일 초판 1쇄 발행
2010년 3월 5일 개정 1쇄 발행
2024년 2월 1일 개정 5쇄 발행

펴낸곳: 네비게이토 출판사 ©
주소: 03784 서울시 서대문구 연희로 16 (창천동)
전화: 02) 334-3305(대표), 334-3037(주문), FAX: 334-3119
홈페이지: http://navpress.co.kr
출판등록: 1973년 3월 12일 제10-111호
ISBN 978-89-375-0366-5   02230

본 출판사의 서면 허락 없이는 본서의 전부 또는
일부의 무단 복제, 또는 원문에 대한 무단 번역을 금합니다.